ROTRAUT SUSANNE BERNERS

MÄRCHEN-STUNDE

BÜCHERGILDE GUTENBERG

ROTRAUT SUSANNE BERNER, 1948 GEBOREN, STUDIERTE GRAFIK-DESIGN IN MÜNCHEN UND ARBEITET SEIT 1977 FREISCHAFFEND ALS GRAFIKERIN UND ILLUSTRATORIN. SIE WURDE MIT VIELEN PREISEN AUSGEZEICHNET, ZULETZT MIT DEM DEUTSCHEN JUGENDLITERATUR-PREIS 1996 FÜR DIE BILDER ZU JÜRG SCHUBIGERS "ALS DIE WELT NOCH JUNG WAR". IM PROGRAMM BELTZ & GELBERG IST SIE SCHON LANGE EINE DER WICHTIGSTEN KÜNSTLERINNEN. HIER ERSCHIEN AUCH IHR ERSTES EIGENES BILDERBUCH "DAS ABENTEUER", FÜR DAS SIE 1997 IN DEN NIEDERLANDEN DEN "SILBERNEN PINSEL" ERHIELT.

LIZENZAUSGABE FÜR DIE
BÜCHERGILDE GUTENBERG
FRANKFURT AM MAIN UND WIEN
MIT FREUNDLICHER GENEHMIGUNG
DES VERLAGS BELTZ & GELBERG,
WEINHEIM

PRINTED IN BELGIUM
ISBN 3 7632 4795 5

FROSCHKÖNIG

DOCH EINES TAGES...
NEIN!
PLATSCH!
SCHLUCHZ!
QUAK, WAS GIBST DU MIR, WENN ICH DIE KUGEL HERAUF HOLE?
ALLES, WAS DU WILLST! PERLEN, EDELSTEINE, MEINE GOLDENE KRONE...
QUAK! DAS ALLES MAG ICH NICHT! ICH MÖCHTE DEIN FREUND SEIN! ICH WILL AN DEINEM TISCH SITZEN, VON DEINEM TELLER ESSEN, AUS DEINEM BECHER TRINKEN UND IN DEINEM BETT SCHLAFEN!
ICH VER- SPRECHE ALLES!

QUAK, QUAK,
NIMM MICH MIT!
QUAK, QUAK!
PENG!
PENG!
WER RUFT DA NACH DIR?
KLOPF, KLOPF! KÖNIGS-TOCHTER, JÜNGSTE, MACH MIR AUF!

DAS IST DIESER GRÄSSLICHE FROSCH, DER MEINE GOLDENE KUGEL WIEDER AUS DEM BRUNNEN GEHOLT HAT. ICH HABE IHM VERSPROCHEN, DASS ER MEIN FREUND SEIN DARF, ABER ICH HABE NICHT GEDACHT, DASS ER ES ERNST MEINT.
WAS DU VERSPROCHEN HAST, MUSST DU AUCH HALTEN!
QUAK! LASS MICH REIN!
QUAK, QUAK!
HEB MICH HINAUF! QUAK!
LASS MICH VON DEINEM TELLERCHEN ESSEN! QUAK!
ICH BIN MÜDE - BRING MICH IN DEIN BETT! QUAK! QUAK!

UND WENN SIE NICHT GESTORBEN SIND,
DANN LEBEN SIE NOCH HEUTE.

FRAU HOLLE

ES WAR EINMAL EINE WITWE, DIE HATTE ZWEI TÖCHTER. EINE DAVON WAR IHRE STIEFTOCHTER. DIE MUSSTE DEN GANZEN TAG WASCHEN, PUTZEN UND SPINNEN. DIE ANDERE TOCHTER ABER DURFTE IMMERZU FAULENZEN.
EINES TAGES...
OH, JETZT HAB ICH MICH GESTOCHEN! UND DIE SPULE IST BLUTIG! ICH MUSS SIE IM BRUNNEN WASCHEN!
OH!
OH!
DU WIRST DIESE SPULE WIEDER AUS DEM BRUNNEN HERAUSHOLEN!
KIKERIKiii!
SCHLUCHZ!

HILFE!
HILFE!
HILFE!
HILFE!
KURZ DARAUF....
WO BIN ICH?
ACH, ZIEH MICH RAUS, ZIEH MICH RAUS, SONST VERBRENN ICH!
VIELEN DANK!
ACH, SCHÜTTEL MICH, WIR SIND ALLE REIF!
DANKE!
DANKE!
DANKE!
DANKE!
DANKE!
DANKE!
DANKE!

WENIG SPÄTER..
WAS FÜRCHTEST DU DICH, LIEBES KIND? ICH BIN DIE FRAU HOLLE. DU KANNST BEI MIR BLEIBEN, WENN DU MIR FLEISSIG HILFST BEIM BETTEN SCHÜTTELN. DANN SCHNEIT'S IN DER WELT!
NACH WOCHEN..
OBWOHL ES MIR HIER SO GUT GEHT, MÖCHTE ICH DOCH WIEDER ZURÜCK!
DU HAST MIR TREU GEDIENT, ICH BEGLEITE DICH!
GOLD
DAS IST DIE BELOHNUNG FÜR DEINE TREUEN DIENSTE!
KIKERI, UNSERE GOLDENE JUNGFRAU IST WIEDER HIER!
DU WIRST ALLES GANZ GENAUSO MACHEN WIE DEINE SCHWESTER UND EBENSO REICH UND SCHÖN ZURÜCK-KOMMEN!
JA, MUTTER.

AUA!
?
REIN MIT DIR IN DEN BRUNNEN!
WO BIN ICH?
ACH, ZIEH MICH RAUS, ZIEH MICH RAUS, SONST VERBRENN ICH!
ICH MACH MICH DOCH NICHT SCHMUTZIG!
ACH, SCHÜTTEL MICH, WIR SIND ALLE REIF!
PH! DA KÖNNTE MIR JA EINER AUF DEN KOPF FALLEN!
ICH MÖCHTE BEI IHNEN ARBEITEN.
GUT, DU KANNST GLEICH AN-FANGEN.

1.TAG
2.TAG
3.TAG
4.TAG
SO GEHT DAS ABER NICHT! ES IST SCHON MITTAG!
ICH BRINGE DICH WIEDER NACH HAUSE.
OH JA, BITTE!
PECH
DAS IST DIE BELOHNUNG FÜR DEINE DIENSTE!
KIKERIKI, UNSERE SCHMUTZIGE JUNGFRAU IST WIEDER HIER!
SCHRUBB, SCHRUBB.
DAS PECH ABER BLIEB FEST AN IHR HÄNGEN UND GING NIE WIEDER AB.

Daumesdick

ES WAREN EINMAL EINE BÄURIN UND EIN BAUER...
WIE TRAURIG, DASS WIR KEINE KINDER HABEN. ES IST SO STILL BEI UNS, WOANDERS IST ES LAUT UND LUSTIG.
SEUFZ, ACH JA, NUR EIN EINZIGES KIND! UND WENN ES NUR SO GROSS WIE MEIN DAUMEN WÄRE!
NACH 7 MONATEN...
ER SOLL DAUMESDICK HEISSEN UND UNSER LIEBES KIND SEIN.
NACH 1 JAHR
NACH 5 JAHREN
NACH 7 JAHREN
EINES MORGENS...
ICH GEHE IN DEN WALD. ACH, WÄRE ES SCHÖN, WENN MIR JEMAND DEN PFERDEWAGEN NACHBRINGEN KÖNNTE!
OH VATER, DAS KANN ICH DOCH TUN!
WIE SOLL DAS DENN GEHEN?
ICH SETZE MICH DEM PFERD EINFACH INS OHR!
GULLIVERS REISEN

NACHMITTAGS ...
PASS AUF DICH AUF, DAUMESDICK!
NA, HOFFENTLICH GEHT DAS GUT!
DANKE, MUTTER!
AM WALDRAND
WAS IST DAS??? ICH SEHE KEINEN, DER DEN WAGEN LENKT!
DAS GEHT NICHT MIT RECHTEN DINGEN ZU! LASS UNS HINTERHER GEHEN!
HÜ HOTT!
IM WALD
SIEHST DU VATER, WIE GUT DAS GEHT. JETZT HOL MICH BITTE RUNTER!
DAUMESDICK! ICH BIN STOLZ AUF DICH.
DAS GLAUBT UNS KEINER!
MIT DEM KÖNNTEN WIR VIEL GELD VERDIENEN!
GUTEN TAG! WIR MÖCHTEN IHNEN DEN KLEINEN MANN ABKAUFEN.
PSST VATER! VERKAUF MICH RUHIG. ICH FINDE SCHON WIEDER HEIM!
NIE! NICHT FÜR ALLES GOLD DER WELT!

GUT, ICH BIN EINVERSTANDEN
HIER IST DAS GOLD FÜR IHR HERZBLATT!
KURZ DARAUF...
ICH MUSS MAL!
VON MIR AUS KANNST DU DAS AUCH VON DA OBEN ERLEDIGEN!
NEIN! SCHLIESSLICH WEISS ICH WAS SICH GEHÖRT.
LASS MICH RUNTER!
GUTEN ABEND, MEINE HERREN! MICH SEHT IHR NIE WIEDER.....
HIHI, AB INS MÄUSELOCH!
MIST, ER HAT UNS AUSGETRICKST, DEN FINDEN WIR NICHT WIEDER!
NACH 1 STUNDE...
DIE LUFT IST REIN – ABER HIER IST ES ZU GEFÄHRLICH...
...OH, EIN SCHNECKENHAUS! DA BIN ICH SICHER!
SPÄTER ...
ICH BIN AM ÜBERLEGEN, WIE WIR DEM REICHEN PFARRER IM DORF SEIN GELD ABNEHMEN KÖNNTEN...
DAS KANN ICH EUCH VERRATEN!
WER SPRICHT DA?
HIER BIN ICH! ICH KANN EUCH HELFEN. WEIL ICH SO KLEIN BIN, DASS ICH DURCH JEDES FENSTER PASSE!

GUT, WIR WERDEN SEHEN, WAS DU KANNST...
KURZ DARAUF...
IHR WOLLT ALLES HABEN WAS HIER IST?
IST ER VERRÜCKT GEWORDEN? ER WECKT JA DAS GANZE DORF AUF! NICHTS WIE WEG VON HIER!
IM ZIMMER DER MAGD...
WAS IST DAS FÜR EIN GESCHREI?
DA IST NIEMAND. KOMISCH.
HIHI, ERST SCHLAFE ICH MICH MAL AUS UND DANN GEHT'S ZURÜCK NACH HAUSE.
EIN HERRLICHER PLATZ ZUM SCHLAFEN!
?
PLÖTZLICH..
HUCH! WO BIN ICH?
ES WIRD IMMER ENGER HIER DRIN! AUFHÖREN! KEIN FRISCHES FUTTER MEHR!
...KEIN FRISCHES FUTTER MEHR!
HILFE! DA IST WIEDER DIE STIMME VON HEUTE NACHT! HERR PFARRER! ZU HILFE! DIE KUH SPRICHT!

WEG DAMIT!
DIE KUH IST WAHNSINNIG! DIE KUH MUSS GESCHLACHTET WERDEN!!!
WÄHRENDDESSEN VOR DEM STALL ...
HMM, LECKER!
HILFE!
HALLO, LIEBER WOLF, ICH KENNE DA EIN HAUS, IN DEM ES NOCH VIEL MEHR ZU ESSEN GIBT...
?
WO SOLL DAS SEIN?
... ALSO, GERADEAUS, DANN LINKS, JA HIER, DA IST ES SCHON!
IN DER SPEISEKAMMER...
VATER, MUTTER! ZU HILFE! ICH BIN'S! DAUMESDICK!
OH MIST! ICH STECKE FEST! ICH HABE ZU VIEL GEFRESSEN!
HORCH! WAS IST DAS?
DAUMESDICK!
ER RUFT UM HILFE!
VORSICHT!
DAUMESDICK, WIR KOMMEN!
DAUMESDICK! NIE WIEDER WERDEN WIR DICH VERKAUFEN!
JETZT BLEIBE ICH BEI EUCH!

ENDE

RAPUNZEL
ES WAREN EINMAL EIN MANN UND EINE FRAU........
.... DIE FREUTEN SICH SEHR AUF IHR ERSTES KIND.
EINES TAGES...
OH, WELCH WUNDERBARE RAPUNZELN! ICH MUSS SIE UNBEDINGT HABEN!
LIEBLING, WAS FEHLT DIR?
RAPUNZELN!
SPÄTER...

AM TAG DARAUF...
LIEBLING, WAS FEHLT DIR?
RAPUNZELN!
GEGEN ABEND...
PLÖTZLICH...
WIE KANNST DU ES WAGEN, MEINE RAPUNZELN ZU STEHLEN?
GNADE!
ZUR STRAFE WIRST DU MIR DEIN KIND GEBEN!
JA, JA!
NACH EIN PAAR WOCHEN...
MEINE RAPUNZEL
UND SO...

JAHRE SPÄTER ...
.... RAPUNZEL IST DAS SCHÖNSTE KIND UNTER DER SONNE.
EINES TAGES ...
SEUFZ!
IN DIESEM TURM OHNE TÜR UND TREPPE WIRST DU IN ZUKUNFT LEBEN!
JEDEN MORGEN ...
RAPUNZEL, RAPUNZEL, LASS DEIN HAAR HERUNTER!
MIST, SCHON WIEDER!
... MITTAGS DANN ...
AUF WIEDERSEHEN, RAPUNZEL! BIS MORGEN!
EINES MORGENS..
HÖRST DU AUCH DIESE WUNDERBARE STIMME, ROSA?
WIHIHI!
KOMISCH, ICH FINDE KEINE TÜR.

PSST, ICH HÖRE SCHRITTE!
RAPUNZEL, RAPUNZEL, LASS DEIN HAAR HERUNTER!
SPÄTER DANN, AM ABEND ...
RAPUNZEL, RAPUNZEL, LASS DEIN HAAR HERUNTER!
WER BIST DU?
KURZ DARAUF ...
BIS MORGEN ABEND, RAPUNZEL, GUTE NACHT!
AM NÄCHSTEN MORGEN ...
DU BIST VIEL SCHWERER ALS MEIN PRINZ!
?
WELCHER PRINZ?
HUCH!
FORT MIT DIR! JETZT KANNST DU SEHEN, WO DU BLEIBST!
SCHNAPP!
Hi, Hi, Hi. DER PRINZ WIRD SICH WUNDERN!

KURZ DARAUF...
DA STAUNST DU, WAS?
NIE WIEDER WIRST DU RAPUNZEL SEHEN!
AAAH!
HI. HI. HI!
OH, RAPUNZEL, WIE SOLL ICH DICH JE WIEDERFINDEN?
... DIE DORNEN HABEN MIR DIE AUGEN ZERSTOCHEN, ICH BIN BLIND!
HILFE, DIE DORNEN..
JAHRE SPÄTER...
HORCH ROSA, IST DAS NICHT RAPUNZELS STIMME?
SCHLUCHZ!
MEINE LIEBSTE RAPUNZEL! ENDLICH HABE ICH DICH GEFUNDEN!
?
?
DEINE TRÄNEN HABEN MICH GEHEILT! ICH KANN DICH SEHEN!
UND HIER SIEHST DU UNSERE ZWILLINGE.
PAPA!
PAPA!
UND WENN SIE NICHT GESTORBEN SIND,
DANN LEBEN SIE NOCH HEUTE.

ENDE

JORINDE & JORINGEL
ES WAR EINMAL EIN ALTES SCHLOSS MITTEN IM WALD, DARIN LEBTE EINE ZAUBERIN, DIE VERWANDELTE SICH AM TAG...
... IN EINE EULE ODER IN EINE KATZE, UND FRAUEN UND MÄDCHEN VERWANDELTE SIE IN DIE UNTERSCHIEDLICHSTEN VÖGEL ...
LIEBSTE JORINDE, HÜTE DICH VOR DER ZAUBERIN UND GEH NICHT ZU NAH ANS SCHLOSS! SCHON 7000 FRAUEN SOLL SIE VERWANDELT HABEN!
JA, JORINGEL, ABER DU MUSST DICH AUCH IN ACHT NEHMEN, DENN KOMMST DU NÄHER ALS 100 SCHRITTE ANS SCHLOSS, WIRD DICH DIE ZAUBERIN LÄHMEN UND DU KANNST DICH NICHT MEHR BEWEGEN!

DOCH EINES NACHMITTAGS..
OH JEH! DAS SCHLOSS! WIR HABEN UNS VERLAUFEN!
DA PLÖTZLICH!
SCHUHU-HU-HU-HU HUUUU!
ZICKÜTH...
JORINDE? WO BIST DU?

Hi, Hi, Hi, HAB ICH DICH, JORINDE!
ICH KANN MICH NICHT MEHR BEWEGEN!
SPÄTER IN DER NACHT..
DICH WERD ICH BEFREIEN: GRRRÜSS DICH ZACHIEL, WENNS MÖNDEL INS KÖRBEL SCHEINT, BIND LOS, ZACHIEL, ZU GUTER STUND!
OH BITTE, BITTE, BITTE! GIB MIR MEINE JORINDE ZURÜCK!
NIE MEHR SOLLST DU SIE SEHEN!

SCHLUCHZ!
WAS SOLL ICH TUN? WIE KANN ICH JORINDE NUR WIEDERFINDEN?
SPÄTER - EINES NACHTS IM TRAUM..
1
2
3
4
... GLEICH AM NÄCHSTEN MORGEN
ICH MUSS DIESE ROTE BLUME UNBEDINGT FINDEN!
1.TAG
2.TAG
3.TAG
4.TAG
5.TAG
DIE ROTE BLUME! ICH HABE SIE GEFUNDEN!
6.TAG
7.TAG
8.TAG
9. TAG

ES IST WIE IN MEINEM TRAUM: DER BANN IST GEBROCHEN- ICH KANN UNGEHINDERT ZUM SCHLOSS!
ES FUNKTIONIERT. DIE BLUME ÖFFNET TÜR UND TOR!
KIWITT
PIEP
PIEP
ZIZIDÄ
ZWITSCHER
PÜT
CHRRR..
HALT!
ZILP ZALP
DU HAST KEINE MACHT MEHR!
DÜDLIÖH
TITITI
HOCH!
JORINGEL, ER LEBE HOCH!
ICH WAR EIN WIEDEHOPF!
ICH WAR EINE AMSEL!
ER HAT UNS ALLE BEFREIT!
HURRA!
PIEP!
...UND SIE LEBTEN LANGE UND VERGNÜGT MITEINANDER.
MIAU

HANS IM GLÜCK
LIEBER HANS, 7 JAHRE HAST DU MIR TREU GEDIENT. DIESES GOLD SOLL DEIN LOHN SEIN!
DANKE.
AUF DEM WEG NACH HAUSE....
OJE, WIE SCHWER DIESES GOLD IST!
WARUM GEHST DU ZU FUSS, HANS? KOMM, WIR TAUSCHEN: MEIN GANZES PFERD GEGEN DEIN BISSCHEN GOLD!
ES MUSS SCHÖN SEIN, SO VON EINEM PFERD GETRAGEN ZU WERDEN!

HÄHÄHÄ...
HOPP, HOPP!
WIHIHIHIHIHIHI!
AU!
OH!
MUHUUU!
NIE WIEDER SETZE ICH MICH AUF EIN PFERD! WAS GÄBE ICH FÜR EINE KUH! DA HAT MAN MILCH, BUTTER UND KÄSE JEDEN TAG!
WENN ICH DIR EINEN SO GROSSEN GEFALLEN TUN KANN, DANN WILL ICH DIE KUH GEGEN DEIN PFERD TAUSCHEN!
QUAK!
HIHIHI...

AU!
ICH WOLLTE DIE KUH MELKEN- ABER SIE GIBT GAR KEINE MILCH!
MAN HAT DICH BETROGEN! DIE KUH IST VIEL ZU ALT. ABER WEIL DU MIR LEID TUST, WILL ICH MEIN JUNGES SCHWEIN GEGEN DEINE ALTE KUH TAUSCHEN.
HEHEHE!
OINK!

HALLO, DU! IM DORF SUCHT DIE POLIZEI EINEN SCHWEINE-DIEB! ICH WILL DIR HELFEN. TAUSCHE DAS SCHWEIN GEGEN MEINE GANS - DANN WIRST DU NICHT VERHAFTET!
OH, VIELEN DANK!
HOHOHO...
„GÄNSEBRATEN, GÄNSEFETT, WEICHE FEDERN FÜR MEIN BETT...
ICH SCHLEIFE DIE SCHERE UND DREHE GESCHWIND...

HANDWERK HAT GOLDENEN BODEN! EIN SCHERENSCHLEIFER WIE ICH HAT IMMER GELD IN DER TASCHE, HANS! UND DAZU BRAUCHST DU NUR DIESE STEINE!
OH, VIELEN DANK! ICH TAUSCHE DIE GANS GEGEN DEINE STEINE!
ÄCHZ!
STÖHN!
DURST!
OH!
HOPPLA!
PLATSCH!
OH, WAS FÜR EIN GLÜCK ICH DOCH HABE! JETZT IST MIR LEICHTER!
MEIN HANS!
MUTTER!

ENDE

ROTKÄPPCHEN
ES WAR EINMAL...
ROTKÄPPCHEN!
... EIN KLEINES MÄDCHEN,
DAS HIESS ROTKÄPPCHEN.
EINES TAGES...
ROTKÄPPCHEN, FAHR BITTE ZUR GROSSMUTTER UND BRING IHR WEIN UND KUCHEN, SIE IST KRANK. ABER PASS AUF DER STRASSE AUF UND SPRICH NICHT MIT JEDEM!
DIE GROSSMUTTER WOHNTE EINE HALBE STUNDE ENTFERNT, MITTEN IM WALD AUF EINER KLEINEN LICHTUNG.

AM WALDRAND...
GUTEN TAG, ROTKÄPPCHEN, WO FÄHRST DU DENN HIN?
ZU MEINER OMA.
WO WOHNT SIE DENN?
DA HINTEN AUF DER LICHTUNG.
... UND WÄHRENDDESSEN
HILFE!
HILFE!
HILFE!
HILFE
KURZ DARAUF, IN GROSSMUTTERS STUBE...
OMA, WAS HAST DU FÜR GROSSE OHREN?
DASS ICH DICH BESSER HÖREN KANN!
OMA, WAS HAST DU FÜR GROSSE AUGEN?
DASS ICH DICH BESSER SEHEN KANN!
OMA, WAS HAST DU FÜR GROSSE HÄNDE?
DAS ICH DICH BESSER PACKEN KANN!
UND WARUM HAST DU SO EIN ENTSETZLICH GROSSES MAUL?
MIAU?

DASS ICH DICH BESSER FRESSEN KANN!
KURZ DARAUF
CHHHRRRRR....
CHHHRRRRHHRRHHC
10 MINUTEN SPÄTER
NA SOWAS!
CHRRRRHH CHHRRHRRR
UFF!

DANN...
PLOP!
PLOP!
PLOP!
CHRRRRHR
CHRRRHHR
SPÄTER
...ÄCHZ
STÖHN
WÜRG...
RRRUMMS!
ER
IST
TOT!
GEGEN ABEND...
PROST!
PROST!
MIAU!
WAU-WAU!
UND WENN SIE NICHT GESTORBEN SIND, DANN LEBEN SIE NOCH HEUTE.
ENDE